ラスクやサラダ、スープにグラタンまで。

パン好きさんに届けたい、とっておきのパン活用レシピ

フレンチトーストとパン料理

ナガタ ユイ

河出書房新社

はじめに……4

1. フレンチトースト
基本のフレンチトースト
基本のフレンチトースト……10

塩味フレンチトースト……11

ブリオッシュのフレンチトースト /

バゲットのフレンチトースト /

レーズンブレッドのフレンチトースト……13

クロワッサンの塩味フレンチトースト /

イングリッシュマフィンの塩味フレンチトースト /

ライ麦パンの塩味フレンチトースト……14

フレンチトーストのハム&チーズサンドイッチ /

エッグベネディクト風フレンチトースト……17

オーブン焼きフレンチトースト
オーブン焼きフレンチトースト……20

フレンチ揚げパン……21

カラフルフレンチトースト

オレンジ、パイナップル、カフェオレ、ココア、トマト

……22

パンの耳プディング……24

レーズンブレッドのオーブン焼きフレンチトースト

ブリーと焼きりんごを添えて……25

オーブン焼きフレンチトースト カルボナーラ風

……26

Column……27

フレンチトーストに合うクリームとソース
ホイップ生クリーム……28

マスカルポーネ&はちみつ /

マスカルポーネ&生クリーム /

カスタードクリーム……29

リコッタクリーム / ヨーグルトクリーム / 豆腐クリーム

……30

ラズベリーソース / チョコレートソース /

塩バターキャラメルソース……31

Column……32

2. パン料理
昨日のパンで食卓を彩る
クルトン / パン粉 / チーズパン粉……36

シーザーサラダ / シーザーサラダドレッシング……37

鶏むね肉のチーズパン粉焼き /

ブロッコリーのスープ……38

バーニャカウダソース……39

パン料理の基本のソース
ホワイトソース / 飴色玉ねぎ……40

チキンスープ / トマトソース / ミートソース……41

めかじきとトマトソースのチーズパン粉焼き……42

ロールキャベツ……43

プルアパートトースト / 食パンキッシュ……45

鶏レバーと砂肝のサラダ……46

パンツァネッラ……47

パン・グラタン / パン・ラザニア……49

サルモレホ……50

オニオングラタンスープ……51

ミルクパン粥 / トマトパン粥……52

3. パンの保存食

ラスクと冷凍サンドイッチ
プレーンラスク……56
クロック・ムッシュ風タルティーヌ /
タルトフランベ風タルティーヌ /
ピサラディエール風タルティーヌ /
ラディッシュ&バターのタルティーヌ……59

ラスクのディップ
ホワイトチョコ風味のレーズンバター /
マスカルポーネ&あんずジャム / レバーペースト……60
セルヴェル・ド・カニュ / ハムペースト /
プラムのジャム&バター……61

おつまみラスクとクルトン
パルメザンのクロワッサンラスク /
トマトのバゲットラスク……62
ハムのバゲットラスク / バーニャカウダクルトン……63

グリルドチキンサンドイッチ / スパイシーグリルドチキン
……64
イングリッシュマフィンのクロック・ムッシュ……65
ハムペーストとレーズンバターのティーサンドイッチ
……66
グリルドチーズサンドイッチ……67

Column……68

4. パンのデザートとおやつ

パンで作るおいしいデザート
サマープディング……72
ババ / パン・パルフェ……73
ティラミス / バナナプディング……75
クロワッサンのチョコラスク /
バターロールの練乳ラスク / バゲットのテュイルラスク
アーモンド / ココナッツ……76
食パンのしみチョコラスク……76
パン粉のパンケーキ……77
パン粉のバナナブラウニー……78
パン粉のシナモンレーズンドーナツ……79

この本の使い方
・レシピに出てくる分量は、大さじ1＝15㎖、小さじ1＝5㎖、1カップ＝200㎖、1cc＝1㎖です。
・電子レンジは600wのものを使用した場合です。ワット数が異なる場合は、調整してください。
・E.V. オリーブ油はエクストラヴァージンオリーブ油の略です。
・バターは、ことわりがなければ有塩バターの略です。
・使用している塩は全て粗塩（海塩）です。精製塩（食塩）を使用する場合は、1〜2割程度減らし、味をみ
　て調整してください。
・白こしょうは細挽き、黒こしょうは粗挽きを使用しています。
・カイエンペッパーは、メーカーによってはチリペッパーとして販売されています。
・生クリームは、すべて乳脂肪分36％のものを使用しています。
・バニラビーンズは、バニラオイルやバニラペーストで代用できます。P.27のコラムもご参照ください。
・調理時間はおおよその目安です。お手持ちの調理器に合わせて調整してください。
・材料の後に記載した「※」印は材料の補足、作り方の後に記載した「＊」はメニューのポイントです。

はじめに

買ってきたばかりのおいしい今日のパン。
ついつい買い過ぎて、食べきれずに残してしまったことはありませんか?

だんだん乾燥して、パサついたり、硬くなったりした
"昨日のパン"を簡単アレンジ。
フレンチトーストやラスクにすれば
長くおいしく楽しめるだけではなく
新しい味わいにも出会えます。

本書では、思い立ったとき、すぐに作ることのできる
手軽なものから時間をかけて作るタイプ、
スイーツ代わりになるものや食事、おつまみになるものまで
いろいろな作り方を詳しくご紹介します。

朝、昼、おやつ、夜、そして夜食にも……
パンを最後まで、じっくりと味わってみましょう。

2020 年 11 月
ナガタ ユイ

バターロール
バターの香るやさしい味わい。ラスクにすると軽やかな食感に。

ライ麦パン
ライ麦粉入りの素朴なパン。香りを生かして使いたい。

クロワッサン
パイのような食感とバターの香り。フレンチトーストとラスクは新しいおいしさ。

バゲット
焼きたてよりも冷めたてが一番食べ頃！ラスクにも料理にも使える万能選手。

レーズンブレッド
レーズンの甘みと酸味がアクセント。フレンチトーストに人気。

ブリオッシュ・ア・テット

角食パン　みんな大好き安心の味わい。常備しておきたいパンNo.1。全粒粉入りはサンドイッチに。

バターと卵たっぷりでリッチな味わい。シロップを含ませたデザートが美味。

イングリッシュマフィン
食べやすいサイズ感も魅力。塩味フレンチトーストがおすすめ。

ブリオッシュ・ナンテール
バターと卵たっぷりのとびきり贅沢なパン。フレンチトーストの仕上がりに差が！

ベーグル
もちもちの独特の食感がクセになる。ラスクがおすすめ。

パン食文化圏では
ひとかけらのパンさえも
無駄にはしません。

料理に小麦粉が使われ始める前から
硬くなったパンを湿らせたり
スープやお粥にしたりすることで
たくさんの料理が生まれました。

残ってしまった"昨日のパン"を
食材のひとつと考えると
楽しみ方は無限に広がります。

基本のフレンチトースト

手早く作れて失敗知らず。最初に挑戦してみましょう

Pain perdu salé

基本のフレンチトースト

Pain perdu sucré

思い立ったらすぐに作れる時短フレンチトーストは、牛乳と卵を分けて使うのがポイントです。

バニラが香る牛乳液は、あっという間にパンにしみ込みます。次に、卵液をからめてからバターを溶かしたフライパンへ。全体に焼き色が付いたら完成です。まずはメープルシロップをかけて、シンプルに味わってみてください。

材料（2枚分）

角食パン（5枚切り）……2枚
無塩バター……20g

[卵液]

a ┌ 卵……1個
  └ 塩……ひとつまみ
     グラニュー糖……10g

[牛乳液]

b ┌ 牛乳……200㎖
  └ グラニュー糖……20g
     バニラビーンズ※……1/4本

※バニラエッセンスでも可。
詳しくはP.27のコラムを参照。

作り方

1 卵液を作る。aをよく溶きほぐす。グラニュー糖10gを加えてよく混ぜる。
2 牛乳液を作る。bを鍋に入れる。バニラビーンズは縦半分に切り、ペティナイフで種をこそげ、さやごと鍋に加える。沸騰直前まで温めてグラニュー糖を溶かす。目の細かいザルでバットに漉し入れ、バニラビーンズのさやを取り出す。
3 角食パンを2に浸す。耳までしっかりと牛乳液をしみ込ませる。
4 3を1の卵液にくぐらせ、角食パンの表面全体にからめるようにする。
5 フライパンに無塩バターの半量を溶かし、4を中火で焼く。焼き色が付いたら裏返す。残りの無塩バターも加えて、焦げないように火加減に注意して焼き上げる。両面に焼き色が付いたら、側面を立てるようにして、耳にも焼き色を付ける。
6 皿に盛り、お好みでマスカルポーネ＆生クリーム（P.29）を添え、メープルシロップ（ともに分量外）をかける。

3

4

＊塩を加えて卵を溶きほぐすと卵白が解れやすくなり、味わいのバランスもよくなる。
＊マスカルポーネ＆生クリーム（P.29）はパンとの相性がよく、特におすすめのクリーム。フレンチトーストの味わいが引き立つ。

塩味フレンチトースト

Pain perdu salé

卵と牛乳に塩気を付けるのはオムレツやキッシュと同じ。パンに合うのは間違いありません。フレンチトースト液を少なめにすると、表面に軽くしみ込ませるだけですぐに焼けます。パンの中心部はふんわりとパンらしい食感が残っているので、トースト感覚。表面にたっぷりまぶしたパルメザンチーズが香りとコクを添え、そのままでおいしくいただけます。

材料（2枚分）

角食パン（5枚切り）……2枚
無塩バター ……15g
パルメザンチーズ（パウダー）……大さじ2〜3

[塩味フレンチトースト液]
卵……1個
牛乳……80㎖
塩……少々
a ┌ 白こしょう……少々
　└ ナツメグ……少々

作り方

1　角食パンの表面を乾燥させる程度に軽くトーストする。
2　塩味フレンチトースト液を作る。ボウルに卵と塩を入れて溶きほぐし、牛乳を加えて混ぜ合わせる。aを加え、味を調える。
3　バットに1を入れ、2を全体にかけるように注ぎ入れる。角食パンを立てて、耳にも塩味フレンチトースト液を吸い込ませる。
4　角食パンの両面にパルメザンチーズをたっぷりとまぶし付ける。
5　フライパンに無塩バターの半量を溶かし、4を中火で焼く。焼き色が付いたら裏返し、残りの無塩バターを加えて両面を焼く。耳の部分を底にして立てながら、耳にも焼き色を付ける。
6　皿に盛り、お好みでサラダやハム、ベーコン、卵を添えていただく。

4

5

＊パンをあらかじめ軽くトーストすると表面の水分が飛び、フレンチトースト液がしみ込みやすくなる。パンが乾燥している場合は不要。
＊P.9の写真は、塩味フレンチトーストにチーズをはさんでアレンジしたもの。8枚切りの角食パン2枚を使い、間にスライスチーズ3枚をはさみ、上記レシピと同様にフレンチトースト液に付けて焼き上げる。

Pain perdu sucré

ブリオッシュのフレンチトースト（右上）
バゲットのフレンチトースト（右下）
レーズンブレッドのフレンチトースト（左）

材料（作りやすい量）

ブリオッシュ・ナンテール20㎜（スライス）……1枚
バゲット（30㎜スライス）……2切れ
レーズンブレッド（20㎜スライス）……1枚

★以下共通
無塩バター……各10g
基本のフレンチトーストの卵液、牛乳液（P.10）……各1/2単位

作り方

1　基本のフレンチトースト（P.10）の卵液と牛乳液を作る。
2　それぞれのパンを1の牛乳液に浸してしみ込ませる。
3　2を1の卵液にくぐらせ、パンの表面全体にからめるようにする。
4　フライパンに無塩バターの半量を溶かし、3を中火で焼く。焼き色が付いたら裏返し、残りの無塩バターを加え、焦げないように焼き上げる。両面に焼き色が付いたら、側面を立てて耳にも焼き色を付ける。
5　皿に盛り、お好みでホイップ生クリーム（P.28）やカスタードクリーム（P.29）を添え、メープルシロップ（すべて分量外）をかける。

＊レーズンの甘みと酸味がアクセントになったレーズンブレッド、とびきりリッチな味わいのブリオッシュ、素材で食べ飽きないバゲット。同じ材料、作り方でもパンを替えると基本のフレンチトーストの味わいが大きく変化する。

バニラビーンズ

使い終わったバニラビーンズのさやは、水洗いをしてよく乾燥させ、保存袋の中に適量のグラニュー糖と一緒に入れておくと香りが移ります。バニラが香るグラニュー糖はお菓子作りに最適です。

クロワッサンの塩味フレンチトースト (右上)
イングリッシュマフィンの塩味フレンチトースト (下)
ライ麦パンの塩味フレンチトースト (左)

材料 (作りやすい量)

クロワッサン……1 個
イングリッシュマフィン……1 個
ライ麦パン (なまこ型・15mmスライス) ……1 枚

★以下共通
無塩バター……各10g
塩味フレンチトースト液 (P.11)……各1/2 単位
パルメザンチーズ (パウダー) ……各大さじ1.5

作り方

1 イングリッシュマフィンとクロワッサンは横から半分に切る。
2 塩味フレンチトースト液を作る。
3 それぞれのパンを 2 に浸してしみ込ませ、表面にパルメザンチーズをまぶす。
4 フライパンに無塩バターの半量を溶かし 3 を中火で焼く。焼き色が付いたら裏返す。残りの無塩バターも
　加え、バターが焦げないよう注意して両面が色付くまで焼く。
5 皿に盛り、お好みで仕上げの食材を添える。

＊クロワッサンはリッチな味わいでホワイトソースと好相性。イングリッシュマフィンは塩味フレンチトーストに最適で冷凍保存
　もおすすめ。ライ麦パンはほのかな酸味で大人っぽい味わいに。

付け合わせ

白いんげん豆の煮込み

白いんげん豆 (水煮缶詰 400g) の水気を切り、チキンスープ (P.41) 100ml、みじん切りにした玉ねぎ 1/4 個
とにんにく 1/2 片、塩小さじ 1/3、白こしょう少々を鍋に入れ、とろみがつくまで煮る。

＊ライ麦パンの塩味フレンチトーストに。ももハムのソテーと一緒に。

マッシュルームソテー

マッシュルームはスライスし、無塩バターで炒め、塩、白こしょうする。あれば、飴色玉ねぎ(P.40)を少量加える。

＊クロワッサンの塩味フレンチトーストに。ホワイトソース (P.40)とポテトフライを添えて。

Pain perdu salé

フレンチトーストのハム&チーズサンドイッチ

材料（1組分）

角食パン（8枚切り）……2枚
無塩バター（パン用）……10g
ももハム……1枚（20g）
スライスチーズ……2枚

塩味フレンチトースト液（P.11）……1/2単位
パルメザンチーズ（パウダー）……大さじ1.5
無塩バター（グリル用）……15g
（お好みで）
ディジョンマスタード、
コルニッション（きゅうりのピクルス）……適量

作り方

1　角食パンを表面を乾燥させる程度に軽くトーストし、片面にパン用の無塩バターを半量ずつ塗る。パン、スライスチーズ、ももハム、スライスチーズ、パンの順に重ねて、全体を接着させる。
2　1の表面全体に、塩味フレンチトースト液を吸い込ませ、パルメザンチーズをまぶし付ける。
3　フライパン（ここではグリルパンを使用）にグリル用の無塩バターの半量を溶かし、2を中火で焼く。焼き色が付いたら裏返し、残りの無塩バターを加えて両面を焼く。耳の部分を底にして立て、全面に焼き色を付ける。
4　皿に盛り、お好みでディジョンマスタード、コルニッションを添える。

＊ハム&チーズという定番サンドイッチの組み合わせが特別なおいしさに。

エッグベネディクト風フレンチトースト

材料（2組分）

イングリッシュマフィン……2個
塩味フレンチトースト液（P.11）……1/2単位
パルメザンチーズ（パウダー）……大さじ2
無塩バター……15g

ベーコン……4枚
ポーチドエッグ※……2個
お好みの葉物野菜……適量

作り方

1　イングリッシュマフィンは横から半分に切り、軽く表面が乾燥する程度にトーストする。
2　1全体に塩味フレンチトースト液を吸い込ませ、パルメザンチーズをまぶし付ける。
3　フライパンに無塩バターの半量を溶かし、2を中火で焼く。焼き色が付いたら裏返し、残りの無塩バターを加えて両面を焼く。
4　皿に盛り、両面を焼いたベーコンとポーチドエッグをのせ、葉物野菜を添える。

※小鍋に600mlの湯を沸かし、大さじ2の酢を加える。ボウルに割り入れた卵を鍋の中央部にゆっくり落とし、菜箸で白身をまとめ、鍋底に卵がつかないようにする。弱めの中火で約3分ゆで、氷水に取る。

＊朝食に人気のエッグベネディクトをアレンジ。ソースなしでもワンランク上の味わい。

オーブン焼きフレンチトースト

カリッとした食感が味わえるフレンチトーストです

卵と牛乳を混ぜ合わせたフレンチトースト液で作るオーブン焼きフレンチトーストは、しみ込ませるのにも焼くにも、ちょっと時間がかかりますが、この味わいは丁寧に作ってこそ。食パンとフレンチトースト液が一体化した、とびきりの仕上りです。バターをのせてオーブンでじっくりと焼き上げるのがポイント。外側がこんがりで、中はふんわり。基本のフレンチトースト（P.10）と作り比べてみてください。

オーブン焼きフレンチトースト

材料（2枚分）

角食パン（4枚切り）……2枚
無塩バター……20g

[フレンチトースト液]
　卵……2個
　卵黄※1……1個
　牛乳……150㎖
　グラニュー糖……40g
　バニラビーンズ※2……1/4本

※1 卵黄を足すと濃厚な味わいに。卵白の使い道がない場合は、卵2個だけでも可。
※2 バニラエッセンスも可。詳しくはP.27参照。

作り方

1. 角食パンは耳を切り落とし、表面を乾燥させるため軽くトーストしてから半分に切る。
2. フレンチトースト液を作る。卵をボウルに割り入れ、卵黄と塩ひとつまみを加えて泡立て器でほぐす。グラニュー糖の1/4量を加えてすり混ぜる。
3. 牛乳と残りのグラニュー糖を鍋に入れる。バニラビーンズは縦半分に切り、ペティナイフで種をこそげ、さやごと鍋に加え、沸騰直前まで温めてグラニュー糖を溶かす。
4. 3に2を加え、泡立て器で手早く混ぜ合わせる。
5. 目の細かいザルで4を漉す。
6. 1をジッパー付きの耐熱性保存袋に入れ、5が温かいうちに注ぎ入れる。保存袋の空気をできるだけ抜きながら閉じる。粗熱が取れたら冷蔵庫に入れ、2時間から半日置いてパンにフレンチトースト液を吸い込ませる。途中、上下を返し、液を均一にする。
7. オーブンを180℃に予熱し、バットにオーブンシートを敷き6を並べ、小さくカットした無塩バターをのせる。約25分、全体がこんがりと色付くまで焼く。
8. 皿に盛り、お好みで無塩バターを塗り、ホイップ生クリーム（P.28。ともに分量外）を添える。

＊角食パンは耳を切り落として半分に切るとフレンチトースト液がしみ込みやすくなり、一体感のある味わいに仕上がりに。

6

7

フレンチ揚げパン

材料（2枚分）

角食パン（4枚切り）……2枚
フレンチトースト液（P.20）……1単位
揚げ油……適量
粉糖……適量

作り方

1　角食パンは9等分に切る。
2　1をジッパー付きの耐熱性保存袋に入れ、フレンチトースト液を注ぎ入れ、保存袋の空気をできるだけ抜きながら閉じる。冷蔵庫に入れ、2時間から半日置いてパンにフレンチトースト液を吸い込ませる。
3　揚げ油を180℃に熱し、2を揚げる。上下を返しながら、ふんわりと膨らみ全体が色付くまで揚げ、バットに上げる。
4　茶こしで全体にたっぷりと粉糖を振る。

＊ふっくら揚がったパンは、フランスの揚げパン"ベニエ"のよう。ラズベリーやあんずのジャムを付けても。
＊オーブン焼きフレンチトーストとほぼ同じ材料で作れるアレンジレシピのひとつ。

カラフルフレンチトースト
オレンジ、パイナップル、カフェオレ、ココア、トマト

材料 (各1枚分)

◆ 共通材料
　角食パン (4枚切り) ……1枚
　卵……1個
　塩……ひとつまみ
　無塩バター……15g

◇ オレンジ味
　オレンジジュース……80㎖
　はちみつ……15g
　(お好みで) コアントロー……小さじ1
　(お好みで) アーモンドスライス……大さじ1

◇ パイナップル味
　パイナップルジュース……80㎖
　はちみつ……15g
　(お好みで) ラム酒……小さじ1
　(お好みで) ココナッツロング……大さじ1

◇ カフェオレ味
　カフェオレ……80㎖
　グラニュー糖……20g

◇ ココア味
　ココア※……80mℓ
※ココアパウダー 5g、グラニュー糖 20g、牛乳大さじ 2 を小鍋に入れ、弱火でなめらかに練り合わせる。牛乳 140mℓを加え、中火でかき混ぜながら温め、沸騰直前で火を止める。

◇ トマト味
　トマトジュース……80mℓ
　はちみつ……20g

作り方

1　フレンチトースト液を作る。ボウルに卵を割り入れ、塩を加えて泡立て器でほぐす。それぞれのドリンクとグラニュー糖やはちみつを温めて、卵に加えて手早く混ぜ合わせる。リキュール類は最後に合わせる。

2　角食パンは耳を切り落とし、表面が乾燥する程度に軽くトーストし、半分に切る。ジッパー付きの耐熱性保存袋に角食パンを入れてから1を注ぎ入れ、空気を抜くようにしてしみ込ませる。

3　オーブンを180℃に予熱し、バットにオーブンシートを敷いて2を並べる。トッピングと小さくカットした無塩バターをのせ、約25分焼く。

4　お好みでマスカルポーネ＆生クリーム（P.29）やメープルシロップ、はちみつ（すべて分量外）を添える。

＊牛乳をお好みのドリンクに替えると、彩りと味わいの変化が楽しめる。

パンの耳プディング

材料
(210×80×H60のパウンド型1本分)

食パンのラスク(P.56)の耳のみ…150g
(ラスクにせずそのまま使う場合は180g)
無塩バター……適量

[プディング液]
   卵……3個
   卵黄……1個
   牛乳……300ml
   グラニュー糖……60g
   バニラビーンズ※……1/3本

※バニラエッセンスも可。詳しくはP.27参照。

作り方

1 食パンの耳は、厚切りのものは半分に細長く切る。薄切りのものはそのままで、1/3量は長さも半分に切る。
2 プディング液を作る。分量は違うが、作り方はフレンチトースト液(P.20)と同様。
3 パウンド型の内側に無塩バターを塗り、型の長辺と底面にオーブンシートを敷き込む。プディング液と1を交互に型に入れる。パンの耳を軽く押さえ、プディング液をしみ込ませながら全量入れる。ラップをして冷蔵庫に入れ、6時間から半日置いて液をしっかりと含ませる。
4 オーブンを180℃に予熱する。アルミ箔の内側に無塩バターを塗り、3の上部にかぶせる。約45分湯煎焼きにする。
5 焼き終わったらアルミ箔を取り、型に入れたまま粗熱を取る。粗熱が取れたら冷蔵庫で冷やす。
6 スライスして皿に盛り、お好みでホイップ生クリーム(P.28)と塩バターキャラメルソース(P.31)を添える。

＊パンの耳だからこその香ばしさや食感が新鮮。モザイク状の断面も魅力的。

レーズンブレッドのオーブン焼きフレンチトースト
ブリーと焼きりんごを添えて

材料（2枚分）

レーズンブレッド（20mmスライス）
　　　　　　　　　　　　……2枚
無塩バター（パン用）……12g
フレンチトースト液（P.20）……1単位
カルヴァドス（ラム酒でも可）……大さじ1
ブリー（カマンベールでも可）……60g
りんご（紅玉、ジョナゴールド等）……1/3個
無塩バター（りんご用）……15g
はちみつ（りんご用）……大さじ1
くるみ（ロースト）……適量
はちみつ……適量

作り方

1　レーズンブレッドは軽くトーストし、表面を乾燥させる。
2　フレンチトースト液にカルヴァドスを加えて混ぜる。1をジッパー付きの耐熱性保存袋に入れ、温かいうちに注ぎ入れる。保存袋の空気をできるだけ抜いて閉じ、粗熱が取れたら冷蔵庫に入れ、2時間から半日置いて液を吸い込ませる。
3　オーブンを180℃に予熱し、バットにオーブンシートを敷く。その上に2と小さくカットした無塩バターをのせ、全体がこんがり色付くまで約25分焼く。
4　りんごは皮ごと5mmの厚さにスライスし、無塩バターを溶かしたフライパンで両面を焼く。はちみつを加え、キャラメル状に色付くまで焼く。
5　3を皿に盛り、4と一口大に切ったブリー、粗く刻んだくるみをのせ、お好みではちみつをかける。

＊白カビチーズと合わせるとワインに合う大人味のひと皿に。

オーブン焼きフレンチトースト カルボナーラ風

材料（1枚分）

角食パン（耳付きの部分）……1/2斤
塩味フレンチトースト液（P.11）……1単位
パルメザンチーズ（パウダー）……大さじ2
ベーコン（短冊切り）……25g
E.V. オリーブ油……大さじ1
黒こしょう……少々

作り方

1　角食パンは断面を上に置き、耳の内側10mmのところに沿って四面に切り込みを入れる。切り込みに手を入れ、底面から柔らかい生地を引き剥がすようにして中身を取り出す。中身は一口大に切る。
2　ボウルに塩味フレンチトースト液と1の中身を入れ、全体を混ぜる。パンが液を吸い込んだら、パルメザンチーズをまぶし付ける。
3　ベーコンはフライパンで軽く炒めてザルに上げ、余分な脂を落とす。
4　2と3を1の角食パンの耳に詰め、E.V. オリーブ油をまわしかける。
5　200℃に予熱したオーブンで約20分、全体がこんがりと色付くまで焼く。仕上げに黒こしょうをかける。

＊食パン1/2斤で大胆に作るおつまみフレンチトーストは、カリッと焼けた耳の香ばしさも魅力。

Column

フレンチトーストとパン・ペルデュ

フレンチトースト「French toast」は英語由来です。フランス語ではパン・ペルデュ「pain perdu」と言い、直訳は「失われたパン」の意味で、古くて硬くなった残り物のパンを無駄にしない生活の知恵から生まれました。よく知られている卵と牛乳を同時にしみ込ませるレシピは、時間がかかり、加熱不足で卵くささが残ってしまうことも。ご家庭で楽しまれるならば、本書で最初にご紹介した牛乳と卵を分ける作り方がおすすめ。実はこの作り方も、フランスの料理事典に載っている正統派レシピです。

オーブン焼きフレンチトースト

卵と牛乳を混ぜ合わせて作るフレンチトーストの漬け込み時間を短縮させるポイントは4つあります。
◉ パンを乾燥させること。軽くトーストして、表面の水分を飛ばすだけでも効果があります。
◉ 卵を漉してなめらかにすること。
◉ フレンチトースト液が温かいうちにパンを漬け込むこと。
◉ 袋に入れて密閉し、真空に近い状態で漬け込むこと。

焼成は、オーブンを使うと失敗がありません。本書のレシピは、しっかりオーブンで焼き込み、外側はカリッと、中はフワッとした食感のコントラストが新鮮です。

バニラいろいろ

バニラビーンズは、バニラのさやごと発酵・乾燥させたもので、やはり香りは別格です。P.13 のミニコラムもご参照ください。バニラエッセンスやバニラオイルは香りの成分を抽出した液体で、安価ですが人工的な香りが気になることも。バニラオイルのほうが加熱に強く、フレンチトースト向きです。バニラビーンズペーストは、種子も入っていて本格的な香りを気軽に楽しめるもの。ぜひ、使い分けてみてください。

冷凍パンとフレンチトースト

冷凍保存のパンでフレンチトーストを作る際は、トースト解凍するのがおすすめ。少し自然解凍させたものを軽くトーストすれば表面の水分が飛び、フレンチトースト液を吸い込みやすくなります。冷凍パンで作るのならば「基本のフレンチトースト」（P.10）か「塩味フレンチトースト」（P.11）がおすすめです。できあがったフレンチトーストを冷凍するならば「イングリッシュマフィンの塩味フレンチトースト」（P.14）や「オーブン焼きフレンチトースト」（P.20）がぴったりです。P.68 のコラムもご参照ください。

フレンチトーストに合うクリームとソース

クリームとソースにこだわると、カフェ気分で楽しめます

ホイップ生クリーム

材料（作りやすい分量）

生クリーム……200㎖
グラニュー糖……16g

作り方

冷蔵庫から出したてのよく冷えた生クリームをボウルに入れ、グラニュー糖を加える。氷水を入れたボウルを重ね、冷やしながら泡立てる。すくい上げた時、角が一度立ってからお辞儀をするくらいの8分立てにする。

＊甘みを付けて泡立てた生クリームは、フランスではクレーム・シャンティイと呼び、これだけでデザートになるほど。

マスカルポーネ＆はちみつ

材料（作りやすい分量）

マスカルポーネ……200g
はちみつ……16g

作り方

マスカルポーネにはちみつを
混ぜ合わせる。

カスタードクリーム

材料（作りやすい分量）

卵黄……3個
牛乳……250㎖
グラニュー糖……60g
薄力粉……30g
無塩バター……25g
バニラビーンズ※……1/3本

※バニラエッセンスも可。
　詳しくはP.27参照。

マスカルポーネ＆生クリーム

材料（作りやすい分量）

ホイップ生クリーム（P.28）……1単位
マスカルポーネ＆はちみつ……1単位

作り方

1　マスカルポーネ＆はちみつにホイップ生クリームの1/3量を加え、
　　泡立て器でよく混ぜ合わせる。
2　残りのホイップ生クリームを加えてゴムベラで混ぜ合わせる。

作り方

1　ボウルに卵黄とグラニュー糖を入れ、泡立て器で白っぽくなるまで手早くすり
　　混ぜる。薄力粉をふるい入れ、混ぜ合わせる。
2　牛乳と中身をこそげ出したバニラビーンズを鍋に入れ、沸騰直前まで温める。
3　目の細かいザルで2を濾し、1に加える。
4　3を中火にかけ、泡立て器でよく混ぜながら加熱する。沸騰後も手を休めず
　　混ぜ続け、2〜3分後に火を止める。
5　一口大に切った無塩バターを4に加え、手早く溶かし混ぜる。ボウルに移して
　　ラップをし、底面を氷水に当てて急冷する。粗熱が取れたら冷蔵庫へ。

リコッタクリーム

材料（作りやすい分量）

リコッタ※……100g
はちみつ……16g
塩……ひとつまみ
黒こしょう……少々

※ホエイ（乳清）で作るイタリアのフレッシュチーズ。

作り方

材料をすべて加え、よく混ぜ合わせる。

ヨーグルトクリーム

材料（作りやすい分量）

プレーンヨーグルト……400g（水切り後 200g）
はちみつ……20g
レモンの皮（黄色い部分）……1/2個分

作り方

1　プレーンヨーグルトはペーパータオルを敷いたザルにのせ、下に一回り小さいボウルを置き、一晩冷蔵庫で水切りし半量にする。
2　はちみつと、すりおろしたレモンの皮を混ぜ合わせる。

豆腐クリーム

材料（作りやすい分量）

絹ごし豆腐……300g（水切り後 220g）
メープルシロップ……大さじ1
太白ごま油※……大さじ1
バニラペースト、またはバニラエッセンス……少々

※油は癖のない、サラダ油などで代用可。

作り方

1　絹ごし豆腐はキッチンペーパーで包み、耐熱ボウルに入れ、電子レンジで2分加熱し水気を切る。さらに重石をして30分程水切りをする。
2　1に残りの材料を加え、ハンドブレンダーでなめらかになるまで混ぜ合わせる。

ラズベリーソース

材料（作りやすい分量）
冷凍ラズベリー……150g
グラニュー糖……30g

作り方
鍋に材料を入れ中火にかけ、沸騰したら弱火で3〜4分煮る。

＊あればバルサミコ酢小さじ2と塩ひとつまみを加えると、大人の味わいに。

チョコレートソース

材料（作りやすい分量）
ビターチョコレート……50g
牛乳……大さじ2
（お好みで）ラム酒……小さじ1/2

作り方
牛乳と細かく刻んだビターチョコレートを耐熱ボウルに入れる。ラップを軽くかけ、電子レンジで40秒加熱し混ぜ、ラム酒も加えてなめらかにする。ゆるい場合は、氷水に当てながらかき混ぜて、使いやすい固さになるまで冷やす。

塩バターキャラメルソース

材料（作りやすい分量）
グラニュー糖……100g
生クリーム……100㎖
バター……15g
塩……ひとつまみ

作り方
1 生クリームを耐熱ボウルに入れ、電子レンジで50秒加熱。
2 鍋にグラニュー糖と水大さじ1（分量外）を入れ中火にかけ、溶けてきたら鍋をゆすりながらゆっくり加熱する。全体が茶色く色付き、焦げた香りが出てきたら火を止め、1を加える。一気に沸き上がるので要注意。
3 塩とバターを加えて溶かし合わせる。ゆるい場合は、氷水に当てる。使いやすい固さになるまで冷やす。

豆乳やアーモンドミルクのフレンチトースト

牛乳の代替となる植物性の代替ミルクが世界中で注目されていますが、フレンチトーストも牛乳を植物性の代替ミルクに置き換えることができます。
特におすすめなのが、豆乳とアーモンドミルクです。どちらも手に入りやすい食材なので、牛乳にアレルギーをお持ちの方や味わいが苦手だという方にも気軽にフレンチトーストを楽しんでいただけます。
豆乳で作るとほのかな豆の香りで和の味わいに、アーモンドで作ると香ばしいコクが感じられる仕上がりになります。
そのほかにも、ライスミルクやオーツミルク、ココナッツミルク等、それぞれの味わいを生かして我が家ならではの特別なフレンチトーストに挑戦してみてください。

豆乳

- 本書レシピの牛乳と置き換えるために、成分無調整のものを使用してください。
- きび砂糖を使い、豆腐クリーム（P.30）と黒蜜を添えれば、緑茶やほうじ茶に合う和の味わいに。
- ゆで小豆を添え、きなこをふりかけても美味しくいただけます。

アーモンドミルク

- 砂糖不使用のものを選びましょう。甘みのついたタイプを使う場合は、レシピから砂糖の量を減らして味わいを調整して。
- チョコレートソースと塩バターキャラメルソース（ともにP.31）がよく合います。トッピングにはローストしたアーモンドスライスがおすすめです。

2. パン料理

昨日のパンで食卓を彩る

"昨日のパン"は、クルトンやパン粉に。おいしい料理に変身します

パンが残ったら、乾燥焼きにしてクルトンやパン粉にしましょう。水分を飛ばすことで保存性が高まり、料理の名脇役として大活躍！　クルトンはサラダやスープのトッピング、パン粉は揚げ物の衣や挽肉料理のつなぎ、グラタンの仕上げ、硬くなったパンにそのまま水分を含ませて作るサラダやスープも納得のおいしさです。パンの国の料理から学んだ“昨日のパン”の活用術は手軽さも魅力です。

→ P.37, 38

クルトン

材料
食パンまたはバゲット

作り方
1　食パンは5mmの角切りに、バゲットは15mmの角切りにする。
2　オーブンを160℃に予熱する。天板にオーブンシートを敷き、1をのせて10〜12分焼く。

＊サラダやスープのトッピングに。
＊食パンのクルトンはサクサクと軽い食感でどなたにも好まれる味わい。バゲットのクルトンはザクザクとした歯応えが特徴で大人向け。

パン粉

材料
食パンかバゲットのクルトン（P.56のプレーンラスクも可）

作り方
フードプロセッサーにかけるか、厚手のビニール袋に入れて上から麺棒で叩き、押さえて砕く。

＊揚げ物の衣やグラタンのトッピングや挽肉料理のつなぎ、スープやソース等のとろみ付けに。
＊食パンのパン粉は軽い食感でクセがなく、どんな料理にも使える。
＊食パンの耳と中身を分けて作るのがおすすめ。中身は白く繊細な味わいに、耳は香ばしさが料理の仕上がりに活きる。
＊バゲットのパン粉は粗く砕いて、香ばしさとザクザクした食感を活かして。

左から、バゲットのパン粉、チーズパン粉、食パンの中身のパン粉、食パンの耳のパン粉。

チーズパン粉

材料
食パンかバゲットのパン粉……1/2カップ
パルメザンチーズ（パウダー）……大さじ2
イタリアンパセリ（ドライ）……小さじ1
バジル（ドライ）……小さじ1

作り方
すべての材料をよく混ぜ合わせる。

＊ドライハーブは数種類をブレンドすると香り高く仕上がるが、パセリ1種類でも可。フレッシュハーブのみじん切りやエルブ・ド・プロヴァンスに置き換えるとより本格的な味わいに。

シーザーサラダ

P.34,35

材料（3〜4人前）
ロメインレタス……1個
バゲットクルトン（P.36）……1/2カップ
シーザーサラダドレッシング（下記）……適量
パルメザンチーズ（パウダー）……適量

作り方
1 ロメインレタスは葉をはがし、洗って水気を切る。
2 皿に1とバゲットクルトンを盛りつけ、パルメザンチーズをかけ、
　 シーザーサラダドレッシングを添える。

＊ロメインレタスとクルトンが主役。メキシコ生まれのシンプルなサラダは、ロメインレタスにパン粉入りのドレッシングを
　ディップして。

シーザーサラダドレッシング

材料（作りやすい分量）
食パンかバゲットのパン粉（P.36）……大さじ2
a ┌ マヨネーズ……大さじ3
　├ プレーンヨーグルト……大さじ3
　├ パルメザンチーズ（パウダー）……大さじ2
　├ E.V. オリーブ油……大さじ1
　├ バーニャカウダソース（P.39）※……大さじ1
　├ レモン果汁……大さじ1/2
　├ 塩小さじ……1/4
　└ 黒こしょう……小さじ1/2

※バーニャカウダソースがなければ、細かく刻んだア
　ンチョビ1切れとにんにくのすりおろし小さじ1/8で
　代用可。

作り方
aをよく混ぜ合わせ、パン粉を合わせる。

＊ドレッシングにパン粉を加えることでとろみが付き、
　パン粉の香ばしさがパルメザンチーズの風味を引き
　立てる。サンドイッチのソースにしてもよい。

P.34,35

鶏むね肉のチーズパン粉焼き

材料 (3〜4人前)

鶏むね肉……2 枚
チーズパン粉 (P.36)……適量
a ┌ にんにく (すりおろし)……小さじ 1/4
　├ はちみつ※……小さじ 1
　├ 塩……少々
　└ 白こしょう……少々
E.V. オリーブ油……適量
[仕上げ用] レモン、ルッコラ……適量

※下味にはちみつを加えると鶏むね肉が
　ジューシーに。(はちみつがない場合は砂
　糖に置き換えて)

作り方

1 鶏むね肉は観音開きにする。皮のない面を上にして、中心部に肉の半分の厚みまで切り込みを入れる。次に包丁を寝かして、切り口から左に切り込みを入れて開く。右側も同様にし、肉たたきか麺棒で軽く叩いて厚みを均一にする。

2 1の両面に a を付け、5 分置いて全体に馴染ませる。

3 バットにチーズパン粉を入れ、2 を入れて押さえつけるようにして表面全体に付ける。

4 フライパンに E.V. オリーブ油をたっぷり入れ中火で熱し、3 を入れる。揚げ色がついたら裏返し、両面がこんがりと色付くまで揚げ焼きにする。

5 皿に盛り、レモンとルッコラを添える。

＊お手頃な鶏むね肉がメイン料理に! 自家製パン粉が味の決め手。

P.34,35

ブロッコリーのスープ

材料 (3〜4人前)

ブロッコリー (10mmの角切り)……1 株
じゃがいも (10mmの角切り)……中 1 個
玉ねぎ (みじん切り)……大 1/4 個
E.V. オリーブ油……大さじ 1
チキンスープ (p.41)……200ml
牛乳……200ml
食パンかバゲットのパン粉 (P.36)……大さじ 2
バーニャカウダソース (P.39)※……大さじ 1
塩……小さじ 1/2
白こしょう……少々

※代用としてにんにくのすりおろし小さじ1/2と玉ね
　ぎを一緒に炒めても可。

作り方

1 鍋に E.V. オリーブ油を入れて熱し、玉ねぎを炒める。玉ねぎの色が変わったらチキンスープ、牛乳、じゃがいもを加え、じゃがいもが柔らかくなるまで煮る。ブロッコリーを加えてさらに 3 分煮る。

2 1のブロッコリーの一部をトッピング用に取り出す。パン粉、塩、白こしょうを加えて温め、沸騰直前で火を止める。ハンドブレンダーにかけてなめらかにするか、ブロッコリーとじゃがいもを木べらでつぶして崩す。バーニャカウダソースを加えて味を見て、足りなければ塩、白こしょうを加える。

3 器に注ぎ、2 で取り分けたブロッコリーをのせ、E.V. オリーブ油 (分量外) をかける。

＊パン粉でとろみをつけるのがポイント。お好みの野菜でアレンジしても。

バーニャカウダソース

北イタリア・トリノ生まれの冬の料理。バーニャカウダとは熱いソースという意味で、熱いソースに温野菜を添えるのが本場流です。ありあわせの野菜とラスクがあれば、気軽に楽しめます。

材料 (作りやすい分量)

にんにく (皮と芯を取ったもの)……50g
アンチョビ……30g
E.V. オリーブ油……120ml
生クリーム……80ml
牛乳……適量
お好みの野菜※……適量
お好みのラスク (P.56)……適量

※野菜はチコリやパプリカ、ブロッコリー、ミニトマト、ラディッシュ、トレビス、いんげん等がおすすめ。

作り方

1 にんにくは皮をむき、半分に切って芯を取る。小鍋ににんにくを入れ、牛乳と水 (分量外) を半量ずつ加えてひたひたにし、柔らかくなるまで弱火で20分煮る。ザルに上げて水気を切る。
2 1とアンチョビを小鍋に入れ、E.V. オリーブ油を加えて弱火で5分煮る。ハンドブレンダーにかけてなめらかにする。
3 生クリームを加え、なめらかに乳化するまで泡立て器で混ぜる。野菜とラスクを添える。バーニャカウダポットがあれば、キャンドルで温めながらいただく。

1

2

＊にんにくは牛乳と水でじっくり煮ることでにんにくの臭いが抑えられ、マイルドな味わいに。
＊ハンドブレンダーがない場合は、にんにくとアンチョビをあらかじめ包丁で細かく刻んでからオリーブ油で煮る。
＊作り置きする場合は、2の状態で保存瓶に入れて冷蔵保存。約1ヶ月保存可能。利用する直前に生クリームと合わせる。生クリームを加えた場合は2～3日中に食べきって。

パン料理の基本のソース

＊すべてのソースは冷凍保存可能。
＊市販品を使うのも可能。市販のホワイトソースは牛乳を足して伸ばし、粉末のチキンブイヨンは基準量より控えめに使うと穏やかな味わいに。市販のトマトソースを活用したミートソースもおすすめ。

ホワイトソース

材料（作りやすい分量）

牛乳……500ml
薄力粉……30g
無塩バター……30g
塩……小さじ1/3
白こしょう……少々
ナツメグ……少々

作り方

1 鍋に無塩バターを入れて弱めの中火にかけ、溶けたらふるった薄力粉を加える。こげないよう混ぜ続け、途中で弱火にして、小麦粉のコシが切れ、粘度を感じなくなり全体がフツフツと沸き上がってくるまで続ける。
2 1に牛乳を3回に分けて加え、かき混ぜながら中火にかけ、塩も加える。全体がしっかり混ざり、とろみがついてきたら弱火にして白こしょう、ナツメグを加える。
3 ボウルに移し、落としラップをして氷水に当てて急冷する。

飴色玉ねぎ

材料（作りやすい分量）

玉ねぎ……500g（大2個分）
無塩バター……30g
塩……小さじ1/3
白こしょう……少々

作り方

1 玉ねぎは半分に切り、繊維と垂直の方向に薄くスライスする。スライサーを使うと厚みが均一になる。
2 1を耐熱ボウルに入れてふんわりとラップをかけ、電子レンジで10分加熱する。電子レンジで加熱することで時短になる。
3 鍋に無塩バターを溶かし、2と塩を入れて中火で炒める。玉ねぎとバターがなじんだら、鍋底に平らにならし加熱する。鍋底に焼き色が付いたら、水大さじ2（分量外）を加えて木べらで焼き付きをこそげ、全体を混ぜ合わせる。加水は600mlを目安に12〜14分程この作業を繰り返し、全体が色づいたら白こしょうを加え、余分な水分を飛ばす。

チキンスープ

材料（作りやすい分量）
- 手羽先……500g（約10本）
- セロリの葉……1本分
- 長ネギの青い部分……1本分
- ローリエ……1枚
- （あれば）タイム……1枝
- 塩……小さじ1
- 白こしょう……少々

作り方
1. 手羽先の先の尖った爪をキッチンバサミで切る。
2. 圧力鍋に全ての材料と1、水1200㎖（分量外）を入れ、蓋をして中火にかける。圧がかかったら弱火にして15分加圧調理する。圧力鍋がない場合は、沸騰したら火を弱め、蓋をして1時間煮る。
3. 圧が下がったら、目の細かいザルでこし、スープと材料を分ける。

＊ 手羽先は骨から身を外し、サラダやサンドイッチなどに。

トマトソース

材料（作りやすい分量）
- ホールトマト缶詰……2缶（400g/缶）
- E.V. オリーブ油……大さじ1
- a ┌ 玉ねぎ（みじん切り）……大1/2個
  └ にんにく（みじん切り）……1片
- b ┌ 塩……小さじ1
  ├ ローリエ……1枚
  └ タイム……1枝
- はちみつ……大さじ1

作り方
鍋にE.V. オリーブ油とaを入れ、玉ねぎが透き通るまで炒める。ホールトマト缶詰を加え、木べらでつぶしながら全体を混ぜ合わせる。bを加え、煮立ったら弱火にして、鍋底が焦げ付かないようにかき混ぜながら、約40分煮込む。仕上げにはちみつを加える。

ミートソース

材料（作りやすい分量）
- 牛挽き肉……300g
- トマトソース（左記）……300g
- E.V. オリーブ油……大さじ2
- a ┌ にんじん……1/2本
  └ セロリ……1/2本
- 赤ワイン……大さじ2
- b ┌ 塩……小さじ1
  └ 白こしょう……少々

作り方
1. 鍋にE.V. オリーブ油を熱し、みじん切りにしたaを炒める。牛挽き肉とbを加えて焼き色が付くまで炒め合せ、赤ワインを加えて鍋底の焼き付きをこそげ溶かす。
2. トマトソースを加えて弱めの中火で約10分煮る。

めかじきとトマトソースのチーズパン粉焼き

材料（2〜3人前）

めかじき（切身）※……300g
トマトソース (P.41)……200g
チーズパン粉 (P.36)……1/2カップ
E.V. オリーブ油……大さじ2
塩……少々
白こしょう……少々

※タラや鯛、鮭、スズキ等、お好みの白身魚も可。

作り方

1 めかじきの両面に塩、白こしょうをかけ下味を付ける。
2 トマトソースは電子レンジ等で温め、耐熱皿に入れ、1をのせる。チーズパン粉を全体に振りかけ、E.V. オリーブ油をかける。
3 オーブンを200℃に予熱する。2に火が入り、ハーブパン粉が色づくまで約15分焼く。

＊バゲットで粗めに作った自家製ハーブパン粉を使うのがポイント。ザクザクした食感が楽しく、手軽で満足度の高いひと皿に。

ロールキャベツ

材料（3〜4人前）

豚挽き肉……500g
卵……1個
玉ねぎ……大 1/2 個
a ┌ 塩……小さじ1
　├ エルブ・ド・プロヴァンス※……小さじ1
　├ 白こしょう……少々
　└ にんにく（すりおろし）……1/2 片
パン粉 (P.36)……1/2 カップ
牛乳（パン粉用）……大さじ 2
キャベツ……8〜14 枚
チキンスープ (P.41)……300㎖
牛乳（スープ用）……200㎖
塩、白こしょう……少々

※エルブ・ド・プロヴァンスはドライのパセリ、タイム、バジルをミックスしても可。

作り方

1 みじん切りにした玉ねぎを耐熱ボウルに入れ、軽くラップをし、電子レンジで 2 分加熱。氷水に当てて急冷する。パン粉に牛乳をふりかけておく。
2 キャベツは熱湯で 2〜3 分ゆで、かたい芯の厚い部分をそぎ切りにして取り除く。
3 ボウルに豚挽き肉を入れて卵を割り入れ、aを加えて粘り気が出るまでよく混ぜ合わせる。1を加えて混ぜ、8 等分に分けて俵型に丸める。
4 3を2で包む。芯側に3を置き、手前からひと巻きしてから両側の葉を内側にかぶせ、最後まで巻く。葉が小さい場合は 2 枚重ねる。
5 4の巻き終わり部分を下にし、鍋に入れる。チキンスープと牛乳を注いで強火にかけ、沸いたらアクを取る。蓋をして弱火で約 30 分煮る。塩、白こしょうで味を調える。

＊スープで煮込んだロールキャベツは、パン粉のおかげでジューシーに仕上がる。

プルアパートトースト（上）

材料（2〜3人前）

角食パン（耳つきの部分）……1/2 斤
バーニャカウダソース (P.39)……大さじ 1.5
E.V. オリーブ油……大さじ 2
モッツァレラチーズ（お好みのチーズで代用可）
　　　　　　　　　　　　　　　……1 個
バゲットのパン粉 (P.36)……大さじ 1
エルブ・ド・プロヴァンス※……少々

※エルブ・ド・プロヴァンスはドライのパセリ、タイム、
　バジルをミックスしても可。

作り方

1　角食パンは断面を上にして縦方向と横方向からそれぞれ 2ヵ所に切り込みを入れる。切り込みは底から 15mm 上で止める。
2　モッツァレラチーズは 10mm の角切りにする。
3　オーブンを 220℃に予熱する。1 の上部にバーニャカウダソースを塗り、切り込み部分に 2 の 2/3 量をはさみ、残りを上にのせ、バゲットのパン粉を振りかける。E.V. オリーブ油をかけ 8〜10 分焼く。
4　仕上げにエルブ・ド・プロヴァンスをかける。

＊本来は田舎パンで作るパーティーフードを食パンで手軽に。手でちぎって食べるのが楽しい、ごちそうトースト。

食パンキッシュ（下）

材料（2〜3人前）

角食パン（耳つきの部分）……1/2 斤
a ┌ 卵……1 個
　└ 生クリーム……100㎖
b ┌ 塩……少々
　│ 白こしょう……少々
　└ ナツメグ……少々
じゃがいも……小 1 個
玉ねぎ……1/4 個
シュレッドチーズ※……50g
（あれば）イタリアンパセリ（千切り）……少々

※シュレッドチーズは、一般的にピザ用チーズとして販売されているもの。お好みのチーズをすりおろしても可。グリュイエールやコンテがおすすめ。

作り方

1　角食パンは断面を上にして、底に穴を空けないよう気を付けながら耳の 10mm 内側に切り込みを入れる。耳と中身の間に指を入れて、底面から中身をはがすように取り出す。取り出した部分は半分の厚みにし、それぞれ 9 等分に切って軽くトーストする。
2　a をボウルに入れ、b を加えて泡立て器で混ぜ合わせる。1 も入れ、全体を馴染ませる。
3　じゃがいもは皮ごと水で濡らしたペーパータオルで包んでラップをし、電子レンジで 5 分加熱後、皮をむき 5mm にスライス。玉ねぎはスライスしボウルに入れ、軽くラップをして電子レンジで 2 分加熱する。じゃがいもを合わせ、軽く塩、白こしょう（ともに分量外）をする。
4　オーブンを 200℃に予熱する。3 とシュレッドチーズの 1/4 を軽く混ぜ合わせ、1 のくり抜いた食パンに入れる。次に 2 とシュレッドチーズの半量を軽く合わせて入れ、最後に残りのシュレッドチーズをのせ 18〜20 分焼く。
5　仕上げにイタリアンパセリをかける。

1

＊食パンの耳を活かしたキッシュは、塩味フレンチトーストの発展系。

鶏レバーと砂肝のサラダ

材料（2～3人前）

エンダイブやフリルレタス……1個
鶏レバー……200g
砂肝……100g
バーニャカウダクルトン(P.63)……1/3カップ
いんげん……6本
りんご……1/4個
くるみ（ロースト）……大さじ2
にんにく……1/2片
E.V. オリーブ油……大さじ3
バルサミコ酢……大さじ2
a ┌ 塩……少々
  └ 白こしょう……少々
黒こしょう……少々

＊バルサミコ酢の効いた鶏レバーが美味。旨みが濃縮した焼き汁でドレッシング要らず。

作り方

1 鶏レバーは一口大に切り、冷水につけて血抜きする。10分でざるに上げ、水気を切る。

2 いんげんは塩ゆでし、3cmの長さに切る。りんごは皮ごと薄切りにし、1cm幅に切る。エンダイブやフリルレタスは食べやすい大きさにちぎる。

3 砂肝は半分に切り、青白い部分を削ぎ落としてから半分の厚みに切ってaをかける。

4 フライパンに E.V. オリーブ油大さじ1とつぶしたにんにくを入れて中火にかけ、香りが出てきたら3を加え両面に焼き色がつくまで焼く。

5 1の両面にもaをかけ、フライパンに E.V. オリーブ油大さじ1を熱して炒める。両面に焼き色が付いたらバルサミコ酢を加えてひと煮立ちさせ、焼き汁の味を見る。酸味が強ければ塩を足して味を調える。

6 ボウルに2と4、粗く刻んだくるみ、バーニャカウダクルトンを入れ、5を焼き汁ごと加え、E.V. オリーブ油大さじ1と黒こしょうをかけ、全体を軽く混ぜ合わせる。お好みで E.V. オリーブ油（分量外）をかける。

パンツァネッラ

材料（2〜3人前）

バゲット……1/4本
トレビス
（レタスやルッコラでも可）……1/2個
セロリ……1本
紫玉ねぎ……1/4個
ミニトマト……1パック
生ハム（プロシュートまたはハモンセラーノ）……2枚
E.V. オリーブ油……大さじ3
a ┌ 白ワインビネガー……大さじ1.5
  │ はちみつ……小さじ2
  │ 塩……小さじ1/3
  └ 白こしょう……少々

作り方

1 バゲットは3等分に切る。水（分量外）を張ったボウルにバゲットを入れ、水分を吸ったら手で固く絞る。
2 トレビスは食べやすい大きさにちぎる。セロリと紫玉ねぎは薄切りにする。
3 ミニトマトを半分に切ってボウルに入れ、aを加えて軽く混ぜ合わせて、E.V. オリーブ油も加える。
4 3に1を一口大にちぎり入れ、混ぜ合わせ、2と一口大に切った生ハムを加える。お好みで E.V. オリーブ油（分量外）少々をかける。

＊イタリア・トスカーナの郷土料理。のどごしのいい水分を含んだパンがおいしい。
＊ドレッシングなしでも、ボウルの中で合わせるだけで味が調う。

パン・グラタン

材料（2人前）

食パンの耳……40g
牛乳……大さじ2
ホワイトソース（P.40）……200g
カリフラワー……1/2株
じゃがいも……1/2個
鶏肉※……50g
シュレッドチーズ……35g
食パンのパン粉（P.36）……小さじ2
塩……少々
白こしょう……少々

※鶏肉は、チキンスープ（P.41）で使った手
羽先をほぐしたものを使用。サラダチキン
や鶏むね肉、ささみを加熱して塩、白こ
しょうで下味をつけたもの、ハムでも代用
可能。

作り方

1 食パンの耳は一口大に切り、牛乳をかけてしみ込ま
せる。

2 カリフラワーは小房に分け、じゃがいもは一口大に切
り、それぞれ塩水でゆでる。

3 1と2、ほぐした鶏肉をボウルに入れ、塩と白こしょう
で下味を付け、ホワイトソースの2/3量を軽く混ぜ合
わせる。

4 オーブンを220℃に予熱する。無塩バター（分量外）
を塗ったグラタン皿に3を入れ、残りのホワイトソー
スをかけ、シュレッドチーズをのせる。食パンのパン
粉を振りかけてこんがりと色付くまで10〜12分焼く。

＊牛乳を含ませたパンの耳が、ホワイトソースと調和したやさし
い味わい。

パン・ラザニア

材料（2人前）

角食パン（10枚切り）……4枚
ミートソース（P.41）……300g
ホワイトソース（P.40）……160g
シュレッドチーズ……60g
食パンの耳のパン粉（P.36）※……小さじ2
パセリ（ドライ）……少々

※食パンの耳のパン粉は色が濃く、香ばしい
のでグラタンのトッピングに向く。なけれ
ば、他のパン粉でも可。

作り方

1 角食パンにミートソースの1/4量を塗り、さらにホ
ワイトソースの1/4量、シュレッドチーズの1/4量
を重ね、もう一枚角食パンをのせて軽く押さえる。
これをソースとパンがなくなるまで繰り返す。

2 オーブンを220℃に予熱する。バットにオーブンシー
トを敷き1をのせ、上面に食パンの耳のパン粉を振
りかける。チーズが溶け、表面に焼き色が付くま
で10〜12分焼く。

3 仕上げにパセリをふりかけ、半分に切る。

＊ラザニアのパスタを薄切りパンでアレンジ。切り分けやすく
食べ応えがある。

サルモレホ

材料（2〜3人前）

トマト……500g（約3個）
バゲット（食パン可）……70g
にんにく……1/2片
E.V. オリーブ油……大さじ2
白ワインビネガー……大さじ1
はちみつ……小さじ1〜2
塩……小さじ1/2
白こしょう……少々

[仕上げ用]
生ハム（ハモンセラーノまたはプロシュート）……2枚
ゆで卵……2個
きゅうり……1本
ルッコラ……適量
E.V. オリーブ油……少々
（あれば）エスプレット唐辛子（カイエンペッパー、赤唐辛子でも可）……少々

作り方

1 トマトは湯むきして一口大に切り、はちみつを合わせる。
2 バゲットは一口大に切り、100㎖（分量外）の水をかけてふやかす。
3 1と2、残りの材料（仕上げ用以外）をミキサーにかけ、なめらかにする。すぐ食べられるが、冷蔵庫で2時間以上冷やすとパンが馴染んでとろみがつく。
4 きゅうりとゆで卵は角切りにする。
5 3を器に盛り、4と生ハム、ルッコラを彩りよく添え、E.V. オリーブ油、エスプレット唐辛子をかける。

＊スペイン・アンダルシア地方の冷製スープで、とろみをパンでつけるのが特徴的。

オニオングラタンスープ

材料（2人分）

[オニオンスープ]
チキンスープ (P.41) ……350㎖
飴色玉ねぎ (P.40)……150g
赤ワイン……大さじ3
食パンのパン粉 (P.36)※……大さじ2
塩……少々
白こしょう……少々
※バゲットのパン粉でも可。

[仕上げ用]
バゲット（4㎝）……4切れ
シュレッドチーズ……適量
（あれば）青カビチーズ※……少々
塩……少々
黒こしょう……少々

※ゴルゴンゾーラ・ピカンテやフルム・ダンベール、
　ブルー・ドーヴェルニュなど牛乳製のものが合う。

作り方

1. オニオンスープの材料を鍋に入れ、中火にかける。沸騰したら火を弱め5分煮て、塩、白こしょうを加えて調味する。
2. オーブンを220℃に予熱する。耐熱皿に1を半量入れてバゲットを2切れずつのせ、バゲットの上から残りの1をかけ、シュレッドチーズをのせる。お好みで小さく切ったブルーチーズをのせ、10～12分焼く。仕上げに黒こしょうをかける。

＊パリ生まれのパン入りスープは、バゲットが主役。気軽に楽しむならトッピングだけをトースターで焼いてからスープに浮かべるのも可。後のせの場合は、バゲットは薄めに。

ミルクパン粥

材料（1人分）

角食パン（8枚切り）……1枚
牛乳……200㎖
塩……少々
白こしょう……少々

作り方

1 角食パンは耳を切り落とし、16等分に切る。
2 小鍋に牛乳を入れて火にかける。塩、白こしょうを加えて軽く調味し、沸騰直前で火を止める。1を加えて軽く混ぜ、すぐに蓋をする。
3 3分程置きパンが牛乳を吸い込んだら、できたてをいただく。

＊白粥のような、朝食向きのやさしい味わい。塩、こしょうの代わりにはちみつで甘みを付け、ジャムを添えてもよい。

トマトパン粥

材料（1人分）

バゲットラスク（P.56）……50g
チキンスープ（P.41）……150㎖
トマトソース（P.41）……80㎖
イタリアンパセリ……少々

作り方

1 バゲットラスクは、手で粗く砕く。
2 小鍋にチキンスープとトマトソースを入れて火にかける。沸いたら1を加えて軽く混ぜ合わせ、火を止める。
3 皿に盛り、千切りにしたイタリアンパセリをかける。

＊リゾット感覚のおしゃれな味わい。E.V.オリーブ油とパルメザンチーズをかけるとお酒にも合う大人の味に。

ラスクと冷凍サンドイッチ

乾燥や冷凍によって、パンを長く楽しむ方法です

パンが一番おいしいのは実は焼きたてではありません。パンが焼き上がり、粗熱が取れて落ち着いた"冷めたて"が最高の状態です。おいしく食べるならば、パン屋さんで買ってきたその日のうちが一番！　翌日までに食べきれない場合は、買ってきたその日のうちに冷凍保存しましょう。このひと手間でパンは我が家の保存食になります。ここでは乾燥焼きにしてラスクにする方法と、サンドイッチにして冷凍する方法をご紹介します。おいしいパンの保存食があれば、いつでもパンが楽しめます。

プレーンな食事パンなら、どんなパンもラスクにできます。今回は食パンやバゲット以外でも、使いやすいベーグル、ライ麦パン、バターロール、クロワッサンもご紹介します。それぞれのパンの特徴を生かして、使い分けながら好みの組み合わせを探してみて。

プレーンラスク

乾燥して硬くなったパンに卵や牛乳を加えて焼き、おいしく甦らせたものがフレンチトーストで、ラスクは、パンを乾燥焼きさせることで余分な水分を飛ばして保存性を高めたものです。薄切りのパンをそのまま焼くだけで、カリッとした食感が楽しいスナックになります。パンを替えることで、味わいも変化します。食パンやバゲットなどのプレーンなパンで作るラスクは、クラッカー感覚でカナッペにしたり、クルトンにしてサラダやスープにトッピングしたり、毎日の食卓で活躍します。

材料

お好みの食事パン
(食パン、バゲット、ライ麦パン、ベーグル、クロワッサン、バターロールなど)

作り方

1 パンは5mm程度の厚さにスライスするのが基本。食パンの場合はスティック状にするか、角切りに。
2 オーブンを160℃に予熱する。オーブンシートを敷いた天板に1を並べ、10〜12分焼く。パンの水分が飛んで軽く色付き、手でパリッと割れるのが目安。

＊プレーンラスクは湿気が入らないよう保存袋に入れれば、常温で2〜3週間保存可能。

1

2

ベーグル

そのまま食べるとみっちりと詰まった食感のベーグルは、ラスクにするとカリカリサクサクした軽い味わいに。甘味、塩味どちらのディップにもよく合う飽きのこないおいしさです。

ライ麦パン

ライ麦粉入りの素朴なパンは、プレーンなバゲットに比べるとコクや香りがあります。チーズとの相性がよく、スープやサラダのトッピングにも。

バターロール

さっくり崩れるような軽やかな食感が特徴的です。口溶けがよく、クセになる軽さでおやつにおすすめ！　割れやすいので保存には気をつけて。

食パン

サクッと軽さがありながらも崩れにくく、使用場面の多い基本のラスクです。耳と中身は焼き上がり時間が変わるので、切り分けてから作るのがおすすめ。

バゲット

食パンと比べるとザックリ歯応えがあります。塩味のソースと合わせておつまみラスク、甘くしておやつラスク、スープやサラダのトッピングにと万能です。

クロワッサン

バターたっぷりのクロワッサンはラスクにするとサクサクのパイのように。購入当日のクロワッサンはスライスしにくいので、1日以上置いてから作りましょう。

クロック・ムッシュ風タルティーヌ

パリのカフェで生まれたクロック・ムッシュをアレンジ。サクサクのクロワッサンラスクとのバランスが新鮮。

タルトフランベ風タルティーヌ

フランス・アルザス地方の名物ピザの味わいを再現。ほのかな酸味と軽い食感。

ピサラディエール風タルティーヌ

南仏名物の炒め玉ねぎとアンチョビとオリーブのピザをイメージ。コクのある大人味。

ラディッシュ&バターのタルティーヌ

ラディッシュにはバターを付けるのがフランス流。一口サイズのタルティーヌは食べやすくてお気に入り。

ラスクのタルティーヌ 4種

フランスらしい味わいを再現した、ラスクで作るおつまみタルティーヌ。パンの個性が引き立つように、のせる具材の組み合わせとバランスによって、ラスクも種類を替えました。

クロック・ムッシュ風タルティーヌ

材料

クロワッサンラスク (P.56) ……適量
ホワイトソース (P.40) ……適量
ハム……適量
シュレッドチーズ……適量
黒こしょう……少々

作り方

オーブンを200℃に予熱する。ホワイトソース小さじ1.5をクロワッサンラスクに塗り、短冊切りにしたハムとシュレッドチーズをのせ、8～10分焼く。仕上げに黒こしょうをかける。

タルトフランベ風タルティーヌ

材料

食パンラスク (P.56) ……適量
セルヴェル・ド・カニュ (P.61) ……適量
ベーコン……適量
（あれば）パセリ（ドライ）……適量

作り方

オーブンを200℃に予熱する。セルヴェル・ド・カニュ小さじ1.5を食パンラスクに塗り、短冊切りにしたベーコンをのせ、ベーコンとパンの周囲が色付くまで8～10分焼く。仕上げにパセリをかける。

ピサラディエール風タルティーヌ

材料

ライ麦パンラスク (P.56) ……適量
飴色玉ねぎ (P.40) ……適量
お好みのオリーブ（種抜き）※……適量
アンチョビ……適量
※ここではピメント入りグリーンオリーブを使用。

作り方

オーブンを200℃に予熱する。大さじ1の飴色玉ねぎをライ麦パンラスクに塗り、小さく刻んだアンチョビとスライスしたオリーブをのせ、8分焼く。

ラディッシュ＆バターのタルティーヌ

材料

バゲットラスク (P.56) ……適量
バター……適量
ラディッシュ……適量

作り方

バゲットラスクにバターをたっぷり塗り、スライスしたラディッシュをのせる。無塩バターを使う場合は、塩をふる。

ラスクのディップ6種

ラスクにディップを塗るだけの簡単タルティーヌをご紹介します。ディップとラスクだけで、ワインが進むお気に入りのレシピばかりです。

ホワイトチョコ風味のレーズンバター

材料（作りやすい分量）

a ┌ 無塩バター……50g
  └ ホワイトチョコレート……50g
生クリーム……50g
レーズン……50g
ラム酒……小さじ1

作り方

1. 切ったaをボウルに入れ、軽くラップをして電子レンジに40〜50秒かけてから、混ぜて溶かす。
2. レーズンにラム酒を振りかけて馴染ませる。
3. 1に2と生クリームを加えて混ぜ合わせる。氷水に当ててとろりと固まるまで冷やす。

マスカルポーネ＆あんずジャム

材料（作りやすい分量）

マスカルポーネ / あんずジャム……各適量

作り方

マスカルポーネとあんずジャムを交互に器に入れる。

レバーペースト

材料（作りやすい分量）

鶏レバー……150g
a ┌ ポートワイン（または赤ワイン）……大さじ1
  │ バルサミコ酢……小さじ2
  │ タイム……1枝
  │ 塩……小さじ1/2
  └ 白こしょう……小さじ1/8
b ┌ 玉ねぎ（みじん切り）……大1/4個
  └ にんにく（みじん切り）……1/2片
無塩バター……60g
生クリーム……大さじ1
黒こしょう……少々

作り方

1. 鶏レバーは脂や筋を取り、血の塊や血管があれば冷水で洗い流す。氷水に15分程浸けて血抜き後、ざるに上げて水気を取り、aを合わせて冷蔵庫に1時間置く。
2. 鍋で無塩バターの1/4量とbを炒める。1のレバーだけを中火で両面に焼き色をつけ、1の漬け汁を加えて蓋をして3分程煮る。木べらでかき混ぜ水分を飛ばす。ボウルに移し、氷水を当てて粗熱を取る。
3. 2をフードプロセッサーでペースト状にし、小さく切った

無塩バターと生クリームを加えて、よく合わせる。塩、白こしょう(分量外)で調え、仕上げに黒こしょうをかける。

セルヴェル・ド・カニュ

材料（作りやすい分量）

プレーンヨーグルト……400g（水切り後 200g）
塩……小さじ1/2
白こしょう……少々
紫たまねぎ……1/6個
にんにく……1/2片
ハーブ（ディル、チャービル、イタリアンパセリなど）……大さじ2

作り方

1 プレーンヨーグルトはペーパータオルを敷いたザルに入れ、ひとまわり小さいボウルの上にのせる。半量になるまで冷蔵庫で一晩水切りする。
2 みじん切りした紫たまねぎとハーブ、すりおろしたにんにくに1と塩、白こしょうを混ぜ合わせる。

ハムペースト

材料（作りやすい分量）

ももハム……100g
a ┌ 生クリーム……100㎖
　├ ディジョンマスタード……小さじ1
　└ 無塩バター……10g
塩……少々
白こしょう……少々

作り方

ももハムを粗く刻み、フードプロセッサーにかける。aを加え、なめらかになるまで混ぜ合わせる。塩、白こしょうで味を調える。

プラムのジャム&バター

材料（作りやすい分量）

プラム……（正味）250g
グラニュー糖……100g
レモン果汁……大さじ1

作り方

プラムは種をとり、一口大に切ってグラニュー糖と混ぜ合わせる。グラニュー糖が溶け、果汁と馴染んできたら鍋に入れて中火にかけ、沸騰したらアクを取る。レモン果汁を加え、全体がとろりとしてくるまで煮る。
＊ジャムとバターはフランスのタルティーヌの基本。無塩バター（分量外）を添えて。

おつまみラスクとクルトン

いつものラスクやクルトンが、大人のためのおつまみに

パルメザンのクロワッサンラスク

材料

クロワッサンラスク（P.56）……適量
パルメザンチーズ（パウダー）……適量
黒こしょう……適量

作り方

オーブンを200℃に予熱する。オーブンシートを敷いた天板にクロワッサンラスクを並べ、パルメザンチーズをたっぷりとかけ、約10分焼く。仕上げに黒こしょうをかける。

トマトのバゲットラスク

材料

バゲットラスク（P.56）……適量
トマトソース（P.41）……適量
エルブ・ド・プロヴァンス※……適量
※パセリも可。

作り方

オーブンを200℃に予熱する。トマトソース小さじ1.5をバゲットラスクに塗り、オーブンシートを敷いた天板に並べ、約10分焼く。仕上げにエルブ・ド・プロヴァンスをかける。

ハムのバゲットラスク

材料

バゲットラスク (P.56)……適量
ハムペースト (P.61)……適量
白こしょう……適量

作り方

オーブンを200℃に予熱する。ハムペースト小さじ1.5をバゲットラスクに塗り、約10分焼く。仕上げに白こしょうをかける。

バーニャカウダクルトン

材料

バゲットクルトン (P.36)……適量
バーニャカウダソース (P.39)……適量

作り方

オーブンを200℃に予熱する。バゲットクルトンとバーニャカウダソースを重量で5:3の割合で合わせ、バゲットクルトンにソースをからめる。オーブンシートを敷いた天板に並べ、約10分焼く。

グリルドチキンサンドイッチ

材料（1人前）

全粒粉食パン（8枚切り）……2枚
スパイシーグリルドチキン……1/2枚分
スライスチーズ……1枚
無塩バター……20g
白こしょう……少々

作り方

1 全粒粉食パンは片面に5gずつ無塩バターを塗る。
2 スライスしたスパイシーグリルドチキンを1の上に並べ、スライスチーズをのせ、もう1枚のパンではさむ。
3 フライパンやグリルパンに残りの無塩バターを入れ、中火で溶かし、2を焼く。ターナーで上から押さえつけ、両面に焼き色を付ける。

＊2で冷凍保存可能。ラップで包みジッパー付き保存袋へ。解凍方法はP.68。

スパイシーグリルドチキン

材料（作りやすい分量）

鶏むね肉……2枚（300g/枚）
a ┌ 塩……小さじ1
　└ はちみつ……小さじ1
b ┌ 黒こしょう……小さじ1/3
　│ 白こしょう……小さじ1/4
　│ カイエンペッパー……小さじ1/4
　│ にんにく（すりおろし）……1/4片
　└ E.V. オリーブ油……大さじ1

作り方

1 鶏むね肉は両面を肉たたきや麺棒で叩き、ボウルに入れるaを全体に揉み込み、bを入れる。30分程置いてなじませたら、E.V. オリーブ油をかける。
2 オーブンを180℃に予熱する。1の皮面を上にしてバットに並べ、20分焼く。焼き上がり後、オーブンの中に5分置き、取り出す。アルミホイルをかぶせてさらに10分置く。粗熱が取れたらスライスし、焼き汁をからめる。

＊保存する場合はスライスせずにジッパー付きの保存袋に焼き汁ごと入れて急冷。2日以内ならば冷蔵、それ以上は冷凍保存する。冷凍保存は1ヶ月が目安。

イングリッシュマフィンのクロック・ムッシュ

材料（1組分）

イングリッシュマフィン……1個
ホワイトソース（P.40）……25g
ロースハム……1枚
シュレッドチーズ……15g
白こしょう……少々

作り方

1 イングリッシュマフィンは横から半分に切り、内側にホワイトソースを半量ずつ塗り、シュレッドチーズを半量ずつのせて白こしょうをかけたロースハムをはさむ。
2 1をアルミホイルにのせ、予熱したオーブントースターで表面に焼き色がつき、中のチーズが溶けるまで焼く。

＊パリ生まれのクロック・ムッシュをイングリッシュマフィンでアレンジ。さっくり食感と具材のバランスが絶妙。

＊1で冷凍保存可能。ラップで包みジッパー付き保存袋へ。解凍方法はP.68。
＊オーブントースターで焼く前に、電子レンジで30秒加熱すると時間短縮に。

ハムペーストとレーズンバターのティーサンドイッチ

材料（それぞれ1人前）

ハムペーストのサンドイッチ
角食パン（12枚切り/サンドイッチ用）
　　　　　　　　　　……2枚
ハムペースト（P.61）……80g

レーズンバターのサンドイッチ
ライ麦食パン（12枚切り/サンドイッチ用）
　　　　　　　　　　……2枚
ホワイトチョコ風味のレーズンバター（P.60）
　　　　　　　　　　……100g

作り方

1 角食パンにハムペーストを、ライ麦食パンにレーズンバターをそれぞれ塗ってはさむ。
2 耳を切り落とし、4等分に切る。

＊ティーサンドイッチとはイギリス生まれの片手でつまめる上品なサンドイッチ。忙しい朝や夜食にも。

＊1もしくは2の状態で冷凍保存可能。ラップで包みジッパー付き保存袋へ。解凍方法はP.68。

グリルドチーズサンドイッチ

材料（1人前）

角食パン（8枚切り/サンドイッチ用）……2枚
スライスチーズ※……3枚
無塩バター……20g

※ここではチェダーチーズを使用。

作り方

1 角食パンにスライスチーズをはさむ。
2 1の上面に無塩バターの半量を塗り、その面を下にしてフライパンで焼く。ターナーで押さえて焼き色を付け、上面に残りの無塩バターを塗って裏返し、両面をこんがりと色付くまで焼く。
3 半分に切り、皿に盛る。

＊チーズがとろけるアメリカの定番サンドイッチ。バターで焼くとサックリ香ばしく仕上がる。

＊1もしくは2の状態で冷凍保存可能。ラップで包みジッパー付き保存袋へ。解凍方法はP.68。

パンはサンドイッチにして冷凍庫へ！

パンは、そのまま冷凍するだけではなく、ひと手間かけて冷凍サンドイッチを作り置きするのもおすすめです。週末に作っておいて、平日のお弁当にしたり、忙しい時の一品にしたりと便利に活用できます。P.17で紹介した「フレンチトーストのハム＆チーズサンドイッチ」も、作り置きが可能です。できあがったら粗熱を取り、ラップで包みジッパー付き保存袋へ入れて冷凍庫で保存してください。冷凍サンドイッチは、どれも2週間を目安にいただきましょう。

point

材料

・冷凍サンドイッチには解凍した際、水分の出ない冷凍可能な食材を合わせましょう。ハムやチーズなど、シンプルな食材の組み合わせが基本です。

コールドサンドイッチ

・P.66の「ハムペーストとレーズンバターのティーサンドイッチ」は、できあがったらラップで包み、ジッパー付き保存袋に入れて冷凍します。
・コールドサンドイッチの解凍方法は常温に30分程置いて解凍するだけ。カットし、そのままいただきます。

ホットサンドイッチ

・P.17の「フレンチトーストのハム＆チーズサンドイッチ」とP.64の「グリルドチキンサンドイッチ」、P.65の「イングリッシュマフィンのクロック・ムッシュ」は電子レンジで約2分加熱し、中心部まで温まったら、予熱したトースターで表面が色付く程度にトースト。電子レンジの加熱時間を1分強にし、グリルパンやバウルーで焼くと香ばしく仕上がります。
・P.67の「グリルドチーズサンドイッチ」は電子レンジで1分強加熱後、P.67の作り方2と同様に無塩バターを塗り、焼いて仕上げます。

4. パンのデザートとおやつ

パンで作るおいしいデザート

"昨日のパン"は、本格スイーツの素材になります

「サマープディング」はイギリスの伝統的な夏のデザートで、「ババ」はクラシックなビストロで人気のフランスの定番デザートです。パンの国の人たちは、食事だけではなくデザートにも上手にパンを取り入れています。前章で紹介したプレーンなラスクは甘く味つけをすれば、立派なおやつに。焼菓子をクリームに合わせたり、デザートのトッピングにしたりするように、プレーンラスクはデザート素材としても活用できます。簡単にできて、一度で二度おいしく楽しめるので、ぜひ一度お試しください。

➔ P.72、73

材料（容量900mlのボウル1個分）

角食パン（8枚切り）……5枚

a ┌ 冷凍ミックスベリー……500g
　├ グラニュー糖……150g
　├ 赤ワイン※……100ml
　├ レモン果汁……大さじ1
　└ はちみつ……大さじ1

[仕上げ用]
マスカルポーネ＆生クリーム（P.29）……適量
ブルーベリー、ラズベリー、いちご……適量
ミント……少々

※赤ワインをぶどうジュースに替えるとお子様用に。

サマープディング

作り方

1 aを鍋に入れて火にかけ、中火で煮る。沸いてきたらアクを取り、5分煮る。
2 角食パンは耳を切り落として斜め半分に切り、ボウルに敷き込む。斜めにずらしながら、ボウルの全体を覆う。
3 オーブンを160℃に予熱する。角食パンの耳を一口大に切り、10分焼く。
4 1を2に流し込み、表面を平らにする。ボウルの上部に出た食パンを折り込み、中央部が隠れるように3を詰める。上部が平らになるように押さえ、ラップをして平皿をのせ、冷蔵庫で一晩冷やし固める。
5 4の上に皿をのせ、逆さにして皿に出す。仕上げ用の材料をトッピングする。

＊果汁を含んだパンがフルーティー。のどごしがよく、暑い日にもさらりと食べられる。

2

5

ババ

材料（3個分）

ブリオッシュ・ア・テット
（バターロールも可）……3個
シロップ※……1単位
ホイップ生クリーム (P.28)……適量
(お好みで) ラム酒……適量
レモンの皮……少々

※シロップ
　水100mlにグラニュー糖50gを加えて火にかけて混ぜる。グラニュー糖が溶けたら火を止め、ラム酒大さじ1とすりおろしたレモンの皮1/3個分を加える（すべて分量外）。

作り方

1　シロップを30～35℃に温め、ブリオッシュ・ア・テットをひたす。上面の丸い頭を切り落とし（写真右下）、断面をシロップに付けるようにするとしみ込みやすい。
2　1を皿に盛り、上部にホイップ生クリームをのせる。レモンの皮のすりおろしをかけ、ラム酒を添える。

＊仕上げのラム酒をたっぷりかけるのがフランス流。

パン・パルフェ

材料（作りやすい分量）

パンアイス
カスタードクリーム (P.29)……100g
ホイップ生クリーム (P.28)……100g
バターロールラスク (P.56)……40g

［仕上げ用］
ホイップ生クリーム (P.28)……適量
ラズベリーソース (P.31)……適量
バターロールラスク (P.56)……3枚

作り方

1　カスタードクリームとホイップ生クリームを合わせてから、粗く砕いたバターロールラスクを混ぜ合わせる。バットに入れ、冷凍庫で冷やし固める。
2　1をすくい取り、皿に盛る。仕上げ用の材料で彩りよく。

＊新食感で溶けにくい。クリームとラスクの調和を楽しんで。

ティラミス

材料（容量200mlのグラス2個分）

マスカルポーネ＆はちみつ（P.29）……200g
ホイップ生クリーム（P.28）……100g
バターロールラスク（P.56）……30g
コーヒーシロップ※……1単位
ココアパウダー……適量

※コーヒーシロップ
　濃いめに入れたコーヒー50mlにグラニュー糖25gを溶かし混ぜる。

作り方

1　グラスに粗く砕いたバターロールラスクを入れ、コーヒーシロップを注ぎ入れる。
2　マスカルポーネ＆はちみつとホイップ生クリームを混ぜ合わせ、1に入れる。表面を平らにし、仕上げに茶こしでココアパウダーをたっぷり振る。

＊人気のイタリアンドルチェにもラスクが大活躍。シロップを含ませたバターロールラスクが、クリームによく合う。

バナナプディング

材料（容量400mlの器1個分）

カスタードクリーム（P.29）……100g
ホイップ生クリーム（P.28）……100g
バターロールラスク（P.56）……30g
バナナ……1.5本
くるみ（ロースト）……適量

作り方

1　バナナは5mmの輪切りにする。
2　カスタードクリームとホイップ生クリームを混ぜ合わせる。
3　器に2の1/4量を入れ、バナナの1/3量、粗く砕いたバターロールラスクの1/3量を入れる。同じ工程を2回繰り返し、仕上げに粗く刻んだくるみをのせる。冷蔵庫でよく冷やす。

＊アメリカ南部の素朴なデザート。バニラが香るふんわりとしたクリームとバナナ、軽やかなバターロールラスクのバランスが絶妙。

クロワッサンのチョコラスク

材料 (作りやすい分量)
クロワッサンラスク (P.56)……2個分
チョコレート……50g

作り方
チョコレートは粗く刻み耐熱ボウルに入れ、軽くラップして電子レンジで50秒加熱し溶かす。絞り袋に入れ、バットに並べたクロワッサンラスクに線がけする。冷蔵庫で冷やす。

バターロールの練乳ラスク

材料 (作りやすい分量)
バターロールラスク (P.56)……1個分
無塩バター……60g
練乳……30g

作り方
オーブンを180℃に予熱。天板にオーブンシートを敷く。無塩バターを一口大に切り、耐熱ボウルに入れ、軽くラップをして、電子レンジで40秒加熱。練乳を加えてよく混ぜ合わせ、バターロールラスクに塗り10〜12分焼く。

おやつラスク

バゲットのテュイルラスク アーモンド/ココナッツ

材料 (作りやすい分量)
バゲットラスク (P.56)……1/3本分
a ┌ グラニュー糖……大さじ4
  └ 卵白……40g
薄力粉……大さじ1
無塩バター……20g
[仕上げ用] (いずれか)
アーモンドスライス……45g
ココナッツロング……30g

作り方
1 無塩バターを一口大に切り、耐熱ボウルに入れ、軽くラップをして、電子レンジで40秒加熱。
2 ボウルにaを入れて混ぜ、薄力粉をふるい入れてさっくりと合わせ、1を加え、仕上げ用のナッツを混ぜる。
3 オーブンを180℃に予熱。天板にオーブンシートを敷く。バゲットラスクに2を塗り、12〜15分焼く。

食パンのしみチョコラスク

材料 (作りやすい分量)
食パンラスク (角切り/P.56)……70g
ビターチョコレート……50g
牛乳……大さじ2
無塩バター……20g

作り方
1 一口大に切った無塩バターと粗く刻んだビターチョコレート、牛乳を耐熱ボウルに入れ、軽くラップし、電子レンジで50秒加熱し、混ぜる。
2 オーブンを180℃に予熱する。天板にオーブンシートを敷く。1に食パンラスクを入れて混ぜ、10分しみ込ませた後に10分焼く。

パン粉のパンケーキ

材料（1人分）

食パンのパン粉（P.36）※……40g
卵……1個
牛乳……65㎖
グラニュー糖……大さじ1
ベーキングパウダー……小さじ1/4
バニラペースト（バニラエッセンスでも可）……少々
塩……ひとつまみ
無塩バター……適量
［仕上げ用］
バター（有塩、無塩はお好みで）……少々
はちみつ……少々

作り方

1 ボウルに卵を割り入れ、塩を加えて泡立て器でほぐす。グラニュー糖を加えすり混ぜ、牛乳、ふるったベーキングパウダー、バニラペースト、食パンのパン粉を入れて全体を混ぜる。5分程度置き、パン粉に水分を含ませる。
2 フライパンに無塩バターを溶かし、1を1/3ずつ入れて中火で焼く。焼き色がついたら裏返し、両面を焼く。
3 皿に盛り、お好みでバターとはちみつを添える。

※バゲットやバターロールのパン粉でも美味しい。バゲットの場合は、牛乳を大さじ1多く加えて。食パンはしっとり、バゲットはもっちり、バターロールはふんわりした食感に。

パン粉のバナナブラウニー

材料（容量約600mlのバット1枚分）

食パンのパン粉（P.36）……80g
牛乳……大さじ2
卵……2個
バナナ……80g
ビターチョコレート……80g
無塩バター……60g
グラニュー糖……大さじ4
はちみつ……大さじ1
ココアパウダー……大さじ3
ベーキングパウダー……小さじ1/2
くるみ（ロースト）……60g
塩……ひとつまみ

作り方

1. 無塩バターを一口大に切り、粗く刻んだビターチョコレートと耐熱ボウルに入れる。軽くラップをして電子レンジで1分加熱し、よく混ぜて溶かす。
2. 食パンのパン粉に牛乳をかけておく。バナナはフォークでつぶす。くるみは粗く刻む。
3. ボウルに卵を割り入れ、塩を加えて溶く。グラニュー糖とはちみつを合わせてすり混ぜ、1を加えてよく混ぜ合わせる。2をすべて加え、混ぜ合わせたら、ココアパウダーとベーキングパウダーをふるい入れてさっくりと合わせる。
4. オーブンを180℃に予熱する。オーブンシートを敷いたバットに表面が平らになるように3を入れ、25分焼く。お好みでココアパウダー（分量外）をかける。

＊ブラウニーもパン粉で手軽に。バナナでしっとり感とやさしい甘みをプラス。

パン粉のシナモンレーズンドーナツ

材料（7〜9個分）

食パンのパン粉（P.36）※……80g
卵……2個
牛乳……130㎖
レーズン……40g
グラニュー糖……大さじ2
ベーキングパウダー……小さじ1/2
バニラペースト（バニラエッセンスでも可）……少々
塩……ひとつまみ
揚げ油……適量
［仕上げ用］
グラニュー糖……適量
シナモンパウダー……適量

※バゲットやバターロールのパン粉でもおいしい。
　バゲットの場合は、牛乳を大さじ1とグラニュー糖小さじ1を加えて。

作り方

1　ボウルに卵を割り入れ、塩を加えて泡立て器で溶く。グラニュー糖を入れすり混ぜたら、牛乳、ベーキングパウダー、バニラペーストを加えて合わせ、食パンのパン粉とレーズンを入れ全体を混ぜる。5分程度置き、パン粉に水分を含ませる。
2　揚げ油を170℃に熱し、1の生地を大きなスプーンですくい、油に入れる。ふっくらと膨らみ色付いてきたら上下を返し、全体がこんがりと色付くまで約4分半揚げ、網をのせたバットに取る。
3　グラニュー糖にシナモンパウダーを加えて混ぜ、2の全体にまぶしつける。

＊ふんわりしっとりした口溶けが印象的。ドイツの揚げパン"クラップフェン"のような食感がクセになる。

ナガタユイ

フードコーディネーター
食品メーカー、食材専門店でのメニュー及び商品開発職を経て独立。サンドイッチやパンのある食卓を中心に、メニュー開発コンサルティング、書籍や広告のフードコーディネート等、幅広く食の提案に携わる。
日本ソムリエ協会認定ソムリエ、チーズプロフェッショナル協会認定チーズプロフェッショナル、中医薬研究会認定中医国際薬膳師、ル・コルドン・ブルー グラン・ディプロム取得。著書に『サバ缶レシピ』『テリーヌ&パテ』(ともに河出書房新社)、『サンドイッチの発想と組み立て』『卵とパンの組み立て方』(ともに誠文堂新光社)などがある。

参考文献
『フランス 食の事典』(白水社)、『新ラルース料理大事典』(同朋舎)

STAFF
撮影　高永三津子 (creative unit Shake)
デザイン・テーブルコーディネイト　小河原英子 (creative unit Shake)
編集　小嶌淳子 (creative unit Shake)
調理アシスタント　坂本詠子、石村亜希

ラスクやサラダ、スープにグラタンまで。
パン好きさんに届けたい、とっておきのパン活用レシピ

フレンチトーストとパン料理

2020年11月20日初版印刷
2020年11月30日初版発行

著　者　ナガタユイ
発行者　小野寺優
発行所　株式会社河出書房新社
〒151-0051　東京都渋谷区千駄ヶ谷2-32-2
電話 03-3404-1201(営業)
電話 03-3404-8611(編集)
http://www.kawade.co.jp/
印刷・製本　凸版印刷株式会社

Printed in Japan
ISBN978-4-309-28840-6

落丁本・乱丁本はお取り替えいたします。
本書のコピー、スキャン、デジタル化等の無断複製は著作権法上での例外を除き禁じられています。本書を代行業者等の第三者に依頼してスキャンやデジタル化することは、いかなる場合も著作権法違反となります。

＊本書の内容に関するお問い合わせは、お手紙かメール (jitsuyou@kawade.co.jp) にて承ります。恐縮ですが、お電話でのお問い合わせはご遠慮くださいますようお願いいたします。